MALERISCHES SÜDAFRIKA

SUNBIRD
PUBLISHING

Erstauflage 2004

(Erstauflage 1998 in Englisch *Scenic South Africa* durch Sunbird Publishing)

Herausgeber Dick Wilkins
Lektorat Brenda Brickman
Entwurf Peter Bosman
Deutsche Übersetzung Friedel Herrmann
Gesamtleitung Andrew de Kock

Reproduktion durch Unifoto (Pty) Ltd, Kapstadt
Druck und Bindung durch Tien Wah Press (Pte) Ltd. Singapur

ISBN 1 919938 13 3

Fotolegende

Gerald Cubitt Seiten 38 (links), 48 (links), 50 (rechts), 54 (rechts), 56 (rechts), 59 (rechts), 70 (rechts), 109 (rechts), 127; **Roger de la Harpe** Seiten 3 (rechts), 14 (oben), 56 (links), 58, 59 (links), 61 (rechts), 62, 64 (links), 65, 67 (rechts), 68, 69, 70 (links), 71, 75, 80, 81, 82 (oben links), 83, 84, 85, 86 (oben links), 91, 93, 102, 126; **Nigel Dennis** Seiten 6 (oben links) 7 (oben links), 72-73 (mitte), 73 (rechts), 77, 78-79, 94,95, 96-97, 98, 100, 101, 103, 120, 121, 122, 123, 124, 125; **Gerhardt Dreyer** Seiten 36 (oben), 40, 48 (oben rechts), 52, 54 (oben links und unten links); **Walter Knirr** Schutzumschlag Rückseite, Seiten 1, 6 (unten), 9 (rechts), 14 (unten), 22, 50 (links), 55, 57, 60 (links) 63, 66, 67 (links), 74, 76, 86 (unten links und rechts), 87, 88, 89, 90, 92, 104, 105,106, 107, 108, 110 (oben links und unten links), 111, 114, 115 (oben), 119; **Photo Access/Patrick Wagner** Seite 82 (unten links und rechts); **Alain Proust** Seiten 2 (links), 13, 24 (unten), 34-35, 110 (rechts), 112-113; **Mark Skinner** Schutzumschlag Vorderseite, Seiten 2-3 (mitte), 4 (unten links), 5 (unten rechts), 8, 9 (oben links und unten links)10, 11, 12, 15, 16, 17, 18-19, 20, 21, 23, 24 (oben), 25, 26, 27,28 (oben links und rechts), 29, 30, 32, 33, 36 (unten), 37, 39, 41, 44, 45, 46-47, 49, 51, 53; **Hein von Horsten Buchrücken**, Schutzumschlag innen (vorne), Seiten 5 (unten links), 31, 38 (oben rechts), 109 (links), 115 (unten), 118; **Lanz von Horsten** Seiten 4 (oben rechts), 5 (oben), 7 (unten rechts), 38 (unten rechts), 42, 43, 60-61 (mitte), 99, 117; **Keith Young** Seiten 64 (rechts), 116.

Schutzumschlag Vorderseite *Blick vom Strand bei Bloubergstrand auf den Tafelberg.*
Titelseite *Phantomartig ragen die Affenbrotbäume in der Buschsavanne empor.*
Gegenüber *Der Goldhauch Afrikas schimmert über der Karoo.*
Links *Ein Nektarvogel zeigt sein leuchtend buntes Gefieder.*
Oben *Abenddämmerung im Mkuzi Wildpark.*

Südafrika – eine Einführung

Es hat den Anschein, als ob Südafrika zwei unterschiedliche Welten in sich vereinen würde – die Legende aus der Urzeit des sonnigen Afrika und die pulsierende Welt einer jungen Demokratie – und das Land bleibt sich treu auf beiden Seiten. Dies ist nicht nur ein Land mit einer außergewöhnlichen Vielfalt an Kulturen, sondern auch eines, das gesegnet ist mit unübertroffenen Naturschönheiten. Das Juwel in dieser Krone des Subkontinents ist die Mutterstadt Kapstadt. Drei Jahrhunderte lebhafter und wechselhafter Geschichte und unterschiedlicher Herkunft seiner Einwohner haben das ihre getan, daß die Straßen eine reizvolle Mischung aus Alt und Neu bieten. Der Stadtkern wird umschlossen von Tafelberg, Teufelsspitze, Löwenkopf und Signalhügel und von der Tafelbucht. Das alte Hafengebiet hat sich in eine aufregende und anregende neue Welt mutiert, die zum Einkauf, zur Unterhaltung und zum Speisen einlädt. Die Victoria & Alfred Waterfront hat dieses ‚Eingangstor nach Afrika' zu dem quirligen Mittelpunkt des gesellschaftlichen Lebens gemacht. Die restaurierten alten Lagerhallen und Hafengebäude bieten eine Palette an Kneipen, Bistros, Imbißstuben, luxuriösen Hotels und Geschäften, während Ausflugsboote Hafenrundfahrten und längere Ausfahrten anbieten, die aus der Tafelbucht hinaus und entlang der Atlantikküste führen.

Hinter dem geschäftigen Sea Point erstreckt sich die Küste mit den herrlichen Sandstränden, für welche die Halbinsel weltberühmt ist. Der endlose Blick über das Meer und die atemberaubenden Sonnenuntergänge haben die imposanten Wohn- und Strandhäuser in Camps Bay, Clifton, Bantry Bay und Llandudno zu begehrten Immobilien gemacht. Eine rustikalere Schönheit findet man in Hout Bay, wo der Dorfcharakter durch kleine Läden und Flohmärkte erhalten bleibt. Dieser Ort, über den die Nebelschwaden vom Ozean ziehen, bleibt ein Refugium für Künstler und Kunsthandwerker und ist Standort für Heimindustrie und natürlich Fischerei. Hout Bay (Holz-Bucht) repräsentiert den fast zigeunerhaften Charakter der ländlichen Vororte an der Ostküste der Halbinsel. Auf dem Weg zur Südspitze hat man die beeindruckende Küstenstraße von Chapman's Peak und auf der Rückseite der Felsen das Tal von Noordhoek mit dem riesigen Sandstrand und den teilweise noch völlig naturbelassenen Landstrichen dahinter. Diese abgelegene Gegend grenzt an das faszinierende Naturschutzgebiet Kap der Guten Hoffnung, das sich 40km an der False Bay Küste entlang erstreckt und alljährlich bis zu einer halben Million Besucher anlockt. Mehr als Tausend unterschiedliche Blütenpflanzen und eine Vielzahl an Wild, Reptilien und Vögeln sind in den 8 000ha des Schutzgebiets beheimatet. Man trifft vor allem Klippschliefer, Bärenpaviane, Kapfüchse und Buntbockantilopen an. Teil des Schutzgebietes ist die Kapspitze und das umliegende Meeresgebiet, wo Robben, Delphine und Wale - letztere ziehen von Mai bis November aus dem Polargebiet zum Kalben herauf - das fischreiche Gebiet mit bevölkern. Steil abfallende Felsen umrahmen die fantastische Schönheit der Kapspitze und seiner Schutzgebiete, und von den 300m hohen Klippen blickt man bis nach Simon's Town, St. James und Muizenberg hinaus. An den grünen Osthängen des Tafelberg liegt der Botanische Garten von Kirstenbosch, dessen wilde Schönheit sich über 500ha erstreckt und wo die etwa 7 000 einheimischen Pflanzenarten eine Wunderwelt an Duft, Farbe und Vogelsang präsentieren.

Das schönste der mit Bäumen bestandenen Täler ist das Constantiatal, wo die ersten Weinberge angelegt

Links *Eine bunt gekleidete Musikantentruppe mit bemalten Gesichtern begeistert die Feriengäste mit ihren Neujahrsveranstaltungen.*
Oben *Man sieht es den Felsen an der Kapspitze manchmal garnicht an, daß ringsum die stürmischen Gewässer des Atlantik brodeln*

wurden, und das heute eine Anzahl von Spitzenlokalen aufweist. Umgeben von kleinen Wäldern und Weinbergen windet sich die Straße um den Constantiaberg, vorbei an den viel gerühmten Weingütern, wie Buitenverwachting, Klein-Constantia und dem majestätischen Groot Constantia, die alle an der einzigen Weinroute auf der Halbinsel selbst liegen.

Den Ruf als weltberühmtes Weinland verdankt das Kap allerdings den großen Anwesen im Boland (Oberland), wo die grünen Hügel um Paarl, Stellenbosch und Franschhoek mit den besten Rebsorten Südafrikas bewachsen sind, und wo die Weine abgefüllt und ausgeführt werden.

Nicht weniger beeindruckend, aber im starken Kontrast zum grünen Weinland im Landesinnern, ist die steinige Westküste. Wie seit eh und je ein geschäftiges Fischereigebiet, hat die Küste hier nicht nur Meeresleben, sondern auch Blütenpflanzen und Tierwelt zu Lande aufzuweisen. Geschützt durch die Zederberge, ist es gerade dieses karge Sandveld und Renosterveld mit seinem Fynbos, wo zwischen August und Oktober das Land vom Winterschlaf erwacht und die Eriken, Restios

und Proteen des einmaligen Kap-Florenreiches in voller Blüte stehen.

Hinter der schützenden Gebirgskette liegt die weniger einladende Halbwüste der Karoo, die sich vom Inland am Kap nach Osten erstreckt. Dieser ziemlich aride Landstrich besteht aus der Großen Karoo und der östlich davon gelegenen, etwas andersartigen Wildnis der Kleinen Karoo. Jenseits der Outeniquaberge zieht sich die malerische Gartenroute durch die schöne Wilderness-Seenplatte. Am Fuße der Gebirgskette der Outeniqua- und Tsitsikammaberge bieten die 10 000ha des Wilderness Nationalparks Vögeln, Pavianen, Ottern und Kleinantilopen eine Heimat in Wäldern mit kristallklaren Bächen und riesigen Gelbholzbäumen.

Von allen bezaubernden Anlaufpunkten der Gartenroute ist Knysna mit seinen Seen sicher der schönste. Das grüne Umfeld schließt sowohl den Ort, als auch den berühmten 36 000ha Wald, die Lagune und die Felsenenge, bekannt als ‚the Heads', ein, und die Wälder liefern noch immer Stinkholz und Gelbholz und die Küstengewässer Austern und andere Delikatessen aus dem Meer. Das nahe gelegene Plettenberg Bay ist dagegen der mondäne Ferienort der Gartenroute, und während der Hochsaison wimmelt es an seine Stränden von Sonnenhungrigen.

Teils wild und teils sanft ist die Küste des Ostkap, die jenseits der Gartenroute liegt. Im Inland liegen die kleinen Ortschaften und traditionellen Dörfer der Xhosa. Die schlichte Welt der Transkei und seiner Wildküste ist eindrucksvoll durch die weißen Strände und die wogenden Hügel im Inland, die sich bis KwaZulu-Natal ausdehnen und schon die Ausläufer zu den Drakensbergen bilden.

Durban ist das Zentrum der Nord- und der Südküste von KwaZulu-Natal – eine Metropole mit moderner Architektur und alten Gebäuden aus der Kolonialzeit. Die breiten Straßen sind mit zeitlosen alten Anlagen für Handel und Freizeitgestaltung gesäumt, die sich hauptsächlich um die 900ha Bucht oder an den Stränden abspielt. Die reizvolle Verbindung von städtischem und

Links *Im farbenfreudigen Antlitz der sonst trockenen Landschaft, ragt ein stolzer Köcherbaum empor.*
Oben *Ein herrliches Farbspiel um den Helderberg bei Somerset West.*
Rechts *Bachlandschaft mit Farnen am Jubilee Creek im Knysnawald.*

Gegenüber *Die schwungvolle neue Gondel der Seilbahn fügt ein modernes Element in die Landschaft um das Sandsteinmassiv des Tafelberges, das vor Jahrmillionen entstand.*
Oben *Ein Blick auf die Insel und Anlagen von Robben Island ruft Erinnerungen hervor an die Verzweiflung und das Leiden der vielen politischen Häftlinge, die hier früher leben mußten.*
Links *Der Kapstädter Hafen ist eine wichtige Zwischenstation bei den meisten großen Segelregatten, und in der oftmals von Windböen gepeitschten Tafelbucht findet auch alljährlich im Dezember die bedeutendste lokale Regatta, die "Rothmans-Woche", statt.*
Rechts *Bevor der Leuchtturm auf Robben Island errichtet wurde, gab es an der gefährlichen Küste der Insel so manches Schiffsunglück.*

Links und oben *Unter den Baulichkeiten in Kapstadt finden sich noch prachtvolle viktorianische und andere Gebäude aus der Kolonialzeit, viele sind durch die Kapmalaien inspiriert, wie das Bo-Kaap Museum, das der moslemischen Gemeinschaft gewidmet ist.*

Gegenüber *Kramats, die man über die ganze Halbinsel verstreut findet – wie etwa dieses auf dem Signalhügel – sind Grabstätten von verehrten Religionsführem, die einstmals den islamischen Glauben ans Kap brachten oder sich um seine Verbreitung vedient gemacht hatten.*

Oben links *Kapstadt ist eine multikulturelle Stadt, und dies widerspiegelt sich auch auf den Gesichtern der Einwohner, wie hier die Blumenhändlerinnen in der Adderley Street.*

Links *Ursprünglich war es der ‚Grünzeugmarkt', und seitdem hat der mit Kopfsteinen gepflasterte Greenmarket Square eine Tradition für Handel aller Art. Die geplanten Verbesserungen werden noch mehr Menschen in die Straßencafes und zu den Ständen locken.*

Oben *Die majestätische Fassade des Alten Rathauses auf der Grand Parade widerspiegelt sich im restaurierten Burggraben vor dem Kastell der Guten Hoffnung, das in der Frühzeit zum Schutze der Niederlassung errichtet wurde.*

Gegenüber *Die formellen Gartenanlagen des Tuynhuis wurden beibehalten. Diese Residenz ist heute der Amtssitz des Staatspräsidenten.*

Oben *Schiffe im Hafen stellten einst die Uhren nach der Zeitkugel über dem Turm an der V & A Waterfront, und so erinnert er noch immer an die alte Zeit der Seefahrt.*
Links *Das Two-Oceans-Aquarium gewährt einen faszinierenden Einblick in die Welt unter dem Wasser und an der Küste. In dem Glastunnel, Gezeitenbecken, Kelpgarten und Tiefseebecken findet man Meeresleben sowohl vom Atlantik als auch vom Indischen Ozean.*
Rechts *Das ursprüngliche Gebäude der Hafenverwaltung am Pierhead an der V & A blickt auf das Victoriabecken, das hauptsächlich als Anlegestelle für Ausflugsboote dient. Auch die Nachbildung eines alten Segelschiffes liegt hier.*

HILDEBRAND RESTAURANT
SEA LINK
CAPE TOWN

Oben *Unter einem Glaskuppeldach präsentieren sich viele elegante Geschäfte und Restaurants in der Einkaufspassage an der V & A Waterfront.*

Oben rechts *Palmen werfen ihre Schatten über Lokale, Läden und Kneipen an der V & A Waterfront, dem Herzstück des pulsierenden Stadtlebens von Kapstadt.*

Gegenüber *Die neue städtische Entwicklung entspricht dem zunehmenden Tourismus. Das elegante Cape Grace Hotel an der V & A Waterfront repräsentiert die aufblühenden Hotelindustrie.*

Rechts *Der Blick über den weiten Ozean und die Bergkulisse im Hintergrund machen die Vororte an der Atlantikküste – Mouille Point, Green Point und Sea Point – zu begehrten Wohngebieten für Einheimische und Besucher.*
Umseitig links *Betrachtet man das herrliche Küstenpanorama, ist es nicht verwunderlich, daß die Immobilien in Camps Bay, Clifton, Bantry Bay und Llandudno zu den teuersten im Lande zählen.*
Umseitig rechts *Die idyllische Mittelmeer-atmosphäre an der Atlantikküste der Halbinsel ist für Besucher besonders verlockend*

Oben *Llandudno ist mit einem herrlichen, sonnigen Sandstrand gesegnet und genießt den Schutz der Gebirgskette die ‚Zwölf Apostel' im Hintergrund.*

Rechts *Geschützte Buchten und schöne Strände und die Naturschönheit der Umgebung haben die Ortschaften Hout Bay und Llandudno an der Atlantikküste weltbekannt gemacht.*

Links *Direkt vom Boot kann man im Hafen von Hout Bay frischen Fisch kaufen. Andere Meeresfrüchte werden in die ganze Welt exportiert.*
Unten *Die Küstenstraße am Chapman's Peak Drive wurde von Menschenhand aus dem Felsen gehauen und bietet nun eine atemberaubend schöne Fahrt.*
Gegenüber *Die Landschaft an der Küste von Noordhoek lockt Künstlernaturen und solche, die sich dem hektischen Stadtleben entziehen möchten und lieber auf den kleinen Anwesen dort leben.*

Links *Die Wellen des stürmischen Atlantik umspülen die felsige Küste der Kapspitze, dem wichtigsten Naturschutzgebiet der Halbinsel, wo viele Tiere und seltene Pflanzen der Fynbosvegetation vorkommen.*
Oben *Vom Rumpf des alten Leuchtturmes schweift der Blick scheinbar bis ins Unendliche, und genau das möchten die vielen Besucher auf dem Film festhalten.*
Rechts *An der Kapspitze ist die Schönheit der naturbelassenen weiten Flächen mit den prachtvollen Blütenpflanzen der Fynbosvegetation und anderen Kappflanzen ein eindrucksvoller Anblick.*

Oben links *In Kalk Bay kann man durch malerische Straßen mit Antiquitätenläden bummeln und im Brass Bell Restaurant seine Mahlzeit direkt über den Wellen der Brandung genießen.*
Oben *Der Brillenpinguin ist die einzige einheimische Pinguinart und am geschützten Boulders Beach bei Simon's Town hat sich eine Kolonie gebildet, die unter Naturschutz steht.*
Gegenüber *Ungewöhnlich menschenleer liegt hier der Badestrand von Muizenberg bei Sonnenaufgang. Meistens finden sich hier frühzeitig die Surfer ein, um bei Tagesanbruch schon auf den Wellen zu reiten.*

Umseitig links *Kirstenbosch wurde 1913 als Botanischer Garten angelegt. Das Anwesen hatte der bekannte Staatsmann und Entrepreneur Cecil John Rhodes den Menschen von Südafrika zu diesem Zweck vermacht.*
Umseitig rechts *Wie auch woanders im Constantiatal, gedeihen in den Weinbergen von Buitenverwachting hochwertige Rebsorten, die zu erlesenen Weinen verarbeitet werden.*

Links *Die imposanten Berge und kristallklaren Gewässer im Jonkershoektal bei Stellenbosch.*
Rechts *Das bekannteste unter den vielen malerischen Gebäuden in der Dorpstraße in Stellenbosch ist Oom Samie se Winkel, ein alter Kolonialwarenladen, wo man seit 1904 Farmgerätschaften, Eingemachtes und Handarbeiten kaufen kann.*
Unten *Das stilvolle Herrenhaus von Oude Nektar im Jonkershoektal im Weinland.*
Umseitig *Die Märchenlandschaft im Jonkershoektal.*

__Oben__ Alljährlich kommen Tausende Besucher aus Südafrika und Übersee ins Weinland, um die uralte Kunst der Winzer kennen zu lernen, Weine zu verkosten und die Keltereien zu besichtigen, wo die einheimischen Weine und Weinbrände erzeugt werden.
__Links__ Das Weinland im Boland (Oberland) ist das Herzstück der südafrikanischen Weinindustrie, und auf den Weingütern und den Anwesen der Genossenschaften in der Region werden hervorragende Weine erzeugt.
__Rechts__ Am Fuße der Drakensteinberge liegt die Weingegend von Paarl.

Links *Der monumentale Wolfsbergbogen ist der großartige Mittelpunkt der etwas öden Landschaft in den Zederbergen. Auf den Erhalt dieser Wildnis wird sehr geachtet.*
Ganz oben *Im Umfeld der Zederberge leben viele Einheimische noch immer wie in der Vergangenheit, ohne die Annehmlichkeiten der Neuzeit.*
Oben *Zu den vielen Attraktionen der Westküste zählen besonders die Seevögel, wie Möwen, Flamingos, Pelikane und Tölpel.*
Gegenüber *Fischerboote kehren immer noch mit der reichen Ernte aus dem Meer um Lambert's Bay heim, und Schwärme von Möwen kreisen um die Fischerdörfer.*

JAMES ARCHER ADF 439 KKBT
DERA
HB 101 K

Oben links *Wenn der Frühling Einzug hält im Goegab Naturreservat bei Springbok, ist das so lange brachliegende Feld plötzlich über und über mit Blumen bedeckt.*

Links und oben *Die fast wüstenartige Landschaft der steinigen Hügel bei Vanrhynsdorp ist im Frühjahr mit bunten Teppichen von Mittagsblumen und einheimischen Frühlingsblütlern geschmückt.*

Gegenüber *Ob farbenfreudig oder öde, das offene Feld im Goegab Naturreservat ist eines der wichtigsten Naturschutzgebiete der Region..*

Oben *Im Mittelpunkt der Kleinen Karoo liegt das ‚Straußenzentrum' Oudtshoorn, ein bezauberndes altes Städtchen mit Denkmälern und Museen, berühmt für die eleganten ‚Federpaläste', wie die Mimosa Lodge, die während des Straußenfederbooms im neunzehnten Jahrhundert entstanden.*
Rechts und ganz rechts *Die gespenstischen Kammern der Kangohöhlen, die sich durch den Swartberg winden, haben sich über Jahrtausende im Gestein gebildet. Zehntausende von Besuchern bewundern den Kronsaal in der Bothahalle und andere Wunderwerke dieses Naturphänomens.*

Umseitig *Blick vom Dolphin Point bei Sonnenaufgang auf die nebelige Landschaft um Wilderness am südlichen Kap.*
Links *Auf der Seenplatte von Wilderness liegen die Wilderness-Lagune, die Touws-River-Mündung, Rondevlei, Swartvlei und ein Teil des Anglerparadieses Groenvlei.*
Oben *Auch als Lake Pleasant bekannt, lockt das fischreiche Gewässer des Groenvlei viele Angler.*
Gegenüber *Der Outeniqua-Tschu-Tschu wird auf der Strecke von George nach Knysna von einer alten Dampflok über die Kaaimans-River-Brücke gezogen.*

Oben *Das Naturschutzgebiet Featherbed erstreckt sich über die Felsenhänge der Heads auf der Westseite der Knysna-Lagune und kann nur mit der Featherbed-Fähre oder per Boot erreicht werden.*

Oben und gegenüber *Die Knysna-Heads (und die Umweltschützer) bewachen die Knysna-Lagune, die ein biologisches Schutzgebiet darstellt.*

Oben *Nördlich vom Lookout Beach liegen die Lagune und die im Winter schneebedeckten Berge, die Plettenberg Bay umranden, und die Reiter, Kanufahrer, Wanderer und andere Naturfreunde anlocken.*
Rechts *Das verspielte und farbenfreudige Plettenberg Bay ist einer der bevorzugtesten Ferienorte an der Küste, und das Beacon Isle Hotel und Hobie Beach erfreuen sich großer Beliebtheit.*

90757
90652
97983

Links *Das Ostkap ist die Heimat dieser Xhosafrau und ihrer Stammesgenossen, und auf den Feldern, in den Straßen und in den Heimstätten ertönen ständig die Schnalzlaute ihrer lebhaften Sprache.*

Oben *Bei Sonnenuntergang kehrt das Xhosamädchen heim. Dieser Landstrich leidet oftmals unter verheerender Dürre.*

Gegenüber *Umgürtet von der grünen Landschaft am Ostkap liegt das Hole-in-the-Wall (Loch-in-der-Wand), das über Jahrhunderte durch den Anschlag von Wind und Wasser auf die felsige Küste entstanden ist.*

Gegenüber *Nach vielen Windungen ergießt sich der Mbashe River bei Bashee – an der Wild Coast zwischen Umtata und Port Elisabeth gelegen – in den Indischen Ozean.*
Oben *In vielen ländlichen Stammesgebieten, wie in diesem Xhosadorf, das zwischen den Aloen bei Elliotdale liegt, herrschen noch die alten Bräuche: Die Frauen kümmern sich um den Haushalt und die Feldarbeit, während die Männer den Unterhalt für die Familie verdienen.*

Rechts *Nachdem er sich einen Lauf durch die Felsen gebahnt hat, endet der Mzintlava als der Bluff-Wasserfall an der Wild Coast.*

Links *Obgleich Rickschas aus Fernost stammen, sind die traditionellen Zulu-Rickschas mit ihren eigenwilligen Verzierungen und Ausstaffierungen eine bekannte Touristenattraktion in Durban.*

Oben *Durban ist das Ferienparadies des Landes und während der Hochsaison im Sommer wimmelt es von Sonnenhungrigen auf der Marine Parade und an Stränden der 6km langen Goldenen Meile.*

Ganz rechts *Diese Hindubraut verkörpert das indische Erbe, das die Stadtkultur von Durban maßgeblich beeinflußt hat.* ***Unseitig links*** *Boote an Durbans Victoria Embankment.*

Umseitig rechts *Das Straßenbild Durbans ist übersät mit Merkmalen seiner kulturellen Vielfalt, aber nirgends tritt sie so deutlich zutage, wie bei den Fischern mit ihren Booten am Addington Beach.*

Links *Über die zerklüftete Felswand im Oribi Gorge Naturreservat bei Port Shepstone ergießen sich die Samangofälle, die zu den weniger bekannten, aber beeindruckenden Naturschönheiten von KwaZulu-Natal zählen.*
Oben *Die Felswände aus Sandstein in der Oribischlucht sind durch die reißenden Gewässer des Umzimkulwana entstanden, der sich einen Weg zum Ozean bahnt.*

Gegenüber *Strand und Hotels in Umhlanga an der Nordküste von Durban gelten als vorrangiges Feriengebiet in KwaZulu-Natal, und während der geschäftigen Hochsaison begegnet man hier Scharen von Urlaubern.*

Gegenüber *Am Nordufer des Mgeni in den KwaZulu-Natal Midlands stürzen die Wassermassen im Howick-Wasserfall - bekannt als ‚der Ort des Großen' - herab.*

Oben *In Pietermaritzburg findet man beeindruckende alte Bauwerke wie die Stadthalle, die 1893 fertiggestellt wurde.*

Oben rechts *Die bunten Blüten des wilden Kosmos zieren die Landschaft in KwaZulu-Natal.*

Umseitig links *Denkt man an die ertragreichen Zuckerrohrfelder, nimmt es nicht Wunder, daß die Zulus die hügelige Landschaft als Umzinto bezeichnen, ‚Ort des Erfolges'.*

Umseitig rechts *Der Blick von Bothas Hügel schweift über die grüne Landschaft der Midlands in KwaZulu-Natal. Hier gibt es einen großen Reichtum an einheimischer Fauna und Flora. Von den Zulus wurde der Landstrich so zutreffend als 'Tal der Tausend Hügel' bezeichnet.*

Links *Traditionsgemäß trägt ein Zuluhäuptling ein königliches Leopardenfell. Dieses stolze Volk hat eine turbulente Geschichte hinter sich und spielt noch immer eine wichtige Rolle in der heutigen Landespolitik.*
Oben *In ländlichen Zulugemeinden wie Nqutu hat altes Brauchtum noch Bestand, und die Frauen bündeln weiterhin das Schilf zum Dachdecken in den traditionellen Kraals.*
Rechts *Die Zulumädchen oder Intombi, mit buntem Perlenschmuck ausgestattet, gewähren einen Einblick in die Stammesbräuche in einem traditionellen Zulukraal.*

Links *Eines der erfolgreichsten der vielen Projekte, die zum Erhalt der Natur in Südafrika unternommen wurden, ist das gelungene Unterfangen im Hluhluwe-Umfolozi-Wildreservat, welches das Breitmaulnashorn vor dem Aussterben bewahrte.*

Vorige Seiten *Das Amphitheater des Gebirgsmassivs vom Mount-aux-Sources überschattet den Tugelafluß, der im Tal des Royal Natal National Parks zum Indischen Ozean fließt.*
Links *Der morastige Wald am Mbazwanakanal an den nördlichen Ausläufern des greater St. Lucia Wetlands Park ist dicht bewachsen mit Farnen und Unterholz, sehr typisch für dieses fragile Sumpfgebiet.*
Oben und gegenüber *Die Gewässer und Wildschutzgebiete des Greater St. Lucia Wetland Park beheimaten einmalige Spezies von Tier- und Pflanzenarten. Sorge um den Schutz der Krokodile, Flußpferde, Fische und Seevögel der Region hat dazu geführt, daß die Gewässer jetzt Teil eines der wichtigsten Naturschutzprojekte Südafrikas sind.*

Oben links *Obwohl gewisse Teile beliebte Feriengebiete sind, ist die Ökologie der Sodwanabucht, die von den Wellen des Indischen Ozeans umspült wird, besonders fragil, was menschliche Einflüsse anbelangt.*
Links und oben *Das reizvolle Unterwasserleben in der Sodwanabucht, mit schimmernden Korallen und bunten Clownfischen (Anemonenfischen) ist ständig gefährdet, und Naturschutz ist äußerst wichtig an dieser Küste.*
Gegenüber *Die Dorfbewohner bei Kosi Bay sind abhängig vom Ertrag der Fischfallen, in denen die Fische bei rückläufigem Wasser eingefangen werden.*
Umseitig links und rechts *Das reiche und vielseitige Vogelleben an der stillen Lagune von Kosi Bay an der Ostküste von KwaZulu-Natal, südlich von Mosambik, hat ihm seinen Namen eingebracht: Ukosi nennen die Zulu den Raubadler, der dort in den Lüften schwebt.*

Oben, rechts und umseitig *Der Kruger Nationalpark erstreckt sich über 20 000ha – größer als Länder wie Israel oder Wales – und ist anerkannt als eines der großartigsten Wildreservate der Welt. Auf jeden Fall ist er das bekannteste und geschätzteste Naturgut Südafrikas. Der Park bietet eine unglaubliche Vielfalt an Wild, von Impala-Antilopen bis zum König der Wildnis, dem Löwen, und Zebras, die auf der Savanne grasen.*

Links und oben *In der ungezähmten und über Jahrtausende anscheinend unveränderten Wildnis des riesigen Kruger Nationalparks leben heute noch Tiere wie Hyänenhund (links) und Giraffe (oben) nebeneinander in den mit Mopane und Akazien bestandenen Steppen - nicht gerade harmonisch, aber eben entsprechend Naturgesetzen.*

Gegenüber *Verstreut über die Strauch- und Grassavannen des Kruger Nationalparks gibt es eine Anzahl Unterkünfte für die zunehmende Zahl der alljährlichen Besucher, wie das Olifants Camp Rastlager.*

Oben, links und rechts *In einer Tiefebene, die nicht mit Gewässern gesegnet ist, müssen sich die Tiere im Kruger Nationalpark mit den Wasserlöchern und Flüssen begnügen. Während der regenarmen Monate haben Wildbeobachter die größte Chance, Jungtiere wie etwa Kudu oder Elefanten beim Trinken oder beim Baden in den wenigen verbliebenen Wasserlöchern zu beobachten.*

Links *Nach den trockenen Wintermonaten steigen die Flüsse und Bäche im Lowveld wieder an, dank des Sommerregens, und das Wild muß sich nicht länger an die wenigen Wasserstellen halten.*

Oben *Ob sie sich nun im Krugerpark oder in einem der privaten Wildparks wie Mala Mala aufhalten, das Erlebnis bleibt sich für Besucher gleich: Tierbegegnung in der Wildnis.*

Gegenüber *Die um den Krugerpark gelegenen privaten Wildfarmen sind ebenso stolz auf ihr zahlreiches Wild wie dieser selbst. Hier genießt ein Flußpferd das Wasser in Sabi Sabi, einem Schutzgebiet am südwestlichen Rand des Krugerparks gelegen.*

Links und oben *Das wechselhafte Profil aus gläsernen Hochbauten und kolonialen Gebäuden in Johannesburg wird durch ein Netz von Straßen und Autobahnen verknüpft, die dem Ort seine Prägung als pulsierende Weltstadt geben.*

Gegenüber, unten und rechts *Wie die anderen einheimischen Volksgruppen auch, haben die Ndebele viele ihrer Überlieferungen dem westlichen Lebensstil geopfert, aber die starken Farben und geometrischen Muster auf Kleidung und Handarbeiten und an den Wänden der Heimstätten sind als eindruckvolles Erbe erhalten geblieben.*

Oben links *In einer kargen Landschaft entstand die Anlage der ‚Verlorenen Stadt', und es wurde sogar Meerwasser für die ‚Küstenlandschaft' herbeigeschafft.*
Links *Der ‚Palast der Verlorenen Stadt' verströmt afrikanische Mythologie und sein Eingang wird durch die prachtvolle Skulptur einer Jagdszene geschmückt.*
Oben *Unter den vergoldeten Kuppeln und den aufragenden Türmchen befinden sich luxuriöse Innenräume mit Marmorböden, Säulen und Kristallüstern.*
Gegenüber *Seen, Baumgruppen und Meeresbrandung sind erst unlängs entstanden, dennoch vermitteln sie die Illusion einer lang vergessenen Welt.*
Umseitig *Die eleganten Hotels in den Anlagen von Sun City bieten anspruchsvolle Freizeitgestaltung und einen der tollsten Golfplätze im Land.*

Links *Goldgelb belaubte Pappeln säumen eine lange, staubige Straße, die nach Clarens im Freistaat führt, benannt nach dem malerischen Dorf in der Schweiz, wo Ohm Kruger die letzten Jahre seines Lebens verbrachte.*

Rechts und unten *Die Felder mit wildem Kosmos und Sonnenblumen wirken wie gemalt in der Landschaft mit den Malutibergen im Hintergrund, die durch den Van Reenens Pass entzwei gespalten wird.*

Umseitig links *Der über 6 000ha große Golden Gate Highlands National Park im Tal des Little Caledon River wird dominiert von den beiden riesigen gelben Sandsteinfelsen, die als das ‚Goldene Tor' bekannt sind.*

Umseitig *Ein stiller See, von Pappeln umsäumt und mit Bergen im Hintergrund ist keineswegs typisch für den Freistaat, aber das ist die Welt bei Clarens.*

Links, oben und gegenüber *Südlich des Golden Gate liegt das Bergreich von Lesotho, Heimat des Basothovolkes, mit farbenfreudigen Heimstätten über die Landschaft verstreut.*

Oben *Ein Höhepunkt im Nordkap ist der Augrabies-National Park, wo trotz der anscheinend ausgetrockneten Landschaft Nashörner, Leoparden, Raubvögel und eine einmalige Flora existieren.*

Gegenüber *Der mächtige Oranjefluß ergießt seine Wassermassen über die Augrabiesfälle, während in den umliegenden Hügeln ein Sandsturm tost – die Macht der Naturgewalten spüren alle, die solch ein Schauspiel erleben.*

Oben *Die verbreitetste Antilopenart Südafrikas ist der Springbock, den man besonders in den vielen etwas ariden Wildgebieten antrifft; hier hüpft er über die trockene Dornensavanne der Kalahari.*

Rechts *Besonders putzig und bezaubernd unter den Kleinwildarten sind die stets wachsamen Surikate (Erdmännchen), die sich hier vor ihrer Familienhöhle in der kalten Morgensonne der Kalahari tummeln.*

Gegenüber *Der Köcherbaum, so benannt, weil die San seine faserigen Äste früher als Pfeilköcher aushöhlten, ist ein häufiger Anblick im Augrabies Falls Nationalpark.*
Unten und rechts *Obwohl Wild hier nicht mehr in großer Anzahl angetroffen wird, ist die Kalahari dennoch gut bestückt mit Springbock- und Oryxantilopen, Geparden und den prächtigen Mähnenlöwen, die so kennzeichnend für das Gebiet sind.*

Oben *Sie sind nahezu gänzlich untergegangen durch die Kolonisation und Einführung des westlichen Lebensstils, und nur wenige San sind in der Kalahari veblieben, und noch viel weniger sind den alten Bräuchen ihrer Vorfahren treu geblieben.*

Rechts *Genau so kennzeichnend für die Kalahari wie der rote Dünensand, sind die Oryxantilopen,die sich erstaunlich gut den erbarmungslosen klimatischen Bedingungen in dieser harten, sonnenverbrannten Landschaft angepaßt haben.*